【西】安娜·加兰 著

王晨来 译

中国青年出版社

（京）新登字083号

*

图书在版编目（CIP）数据

我无法忍受老婆的50件事/［西］加兰著；王晨来译.
—北京：中国青年出版社，2011.1
ISBN 978-7-5006-9706-0
Ⅰ.①我… Ⅱ.①加…②王… Ⅲ.①婚姻-通俗读物
Ⅳ.①C913.13-49
中国版本图书馆CIP数据核字(2010）第239674号

*

北京市版权局著作权合同登记章
图字：01－2010－0644

*

*

责任编辑：刘 杨
装帧设计：陈 慧

*

中国青年出版社 出版 发行
社址：北京东四12条21号 邮政编码：100708
网址：www.cyp.com.cn
编辑部电话：（010）57350420 门市部电话：（010）57350370
北京市十月印刷有限公司印刷 新华书店经销

*

720×735 1/16 10印张 60千字
2011年1月北京第1版 2011年1月北京第1次印刷
印数：1-8000册 定价：25.00元

*

本图书如有印装质量问题，请凭购书发票与质检部联系调换
联系电话：（010）57350337

说明

适合人群：

男同胞们，无论你的年龄大小，只要你曾经或正在忍受着那些由婚姻带来的长期苦恼，我会把这本书推荐给你；女同胞们，如果你自信却不自负，正在准备改正自己的某些错误行为，或者打算一一实践那些让男人苦不堪言的把戏的话，我也把这本书推荐给你。

阅读指导：

女人是一种奇怪的动物，请悉心观察她们的怪异行为后，再阅读此书。

另外，可以将观察笔记写在本书的最后几页上。

说明

不适合人群：

没有幽默感、不会嘲笑他人以及自嘲的人，我就不把这本书推荐给你们了。思想保守的人、爱管闲事的人、完美主义者、极端女权主义者、不接受“脏话”的人，也不适宜阅读此书。

副作用：

不适合的人误读此书会造成心跳过速、瘙痒、肠胃不适、脸红、恶心、呼吸困难、血压升高、剧烈头痛、性欲减退、黏膜干燥，甚至永久性失声。

目录

写在前面

细心的读者一定已经发现了这本书的作者不是男人。也许还有人会问：

一个女人怎么会知道男人无法忍受老婆的50件事呢？
一个字——问。提问、观察，凭着自己那股刨根问底儿的劲头。

这本书写的是一个女人自以为男人会有的想法吗？
当然不是。这本书里提到的各种让老公无法忍受的事情，都是男人们亲口告诉我的。没人能证实这些事情一定会发生，当然也没有任何科学理论可以解释它们，这些事情的出现对历史和社会也没有任何重要性。

男人们会轻易地告诉一个女人这些事吗？
好吧，并不是这么简单的。每次我和我的肝都要忍受啤酒的折磨，偶尔还要来杯威士忌。

为什么书中只列举了50件老公无法忍受老婆的事情？

50件事就够多了，因为女人们根本无法想象居然有50件让她们老公无法忍受的事情。当我开始研究这个问题并询问身边男性朋友的时候，他们并不只是告诉我一两件无关紧要的小事，他们竟然列出了长长的单子！老公无法忍受老婆的事情远比老婆无法忍受老公的多。为什么会这样呢？答案由你自己考虑了。

这本书写的是不是我老公无法忍受我的那些事？

哈哈哈……不是，我希望不是。

如果你想知道其他男人是否和你一样，在忍受着相同的痛苦，就请接着往下读，你肯定会找到答案。建议你不要在老婆身边读这本书，这可能会惹怒她，而你的下场很可能是在沙发上过夜。

女人那点事儿

“女人就像是一个化工厂。”我的一个男性朋友如是说。女人时刻被体内的荷尔蒙影响着，像是一个极其易燃的化工厂，因此男人根本无法预见她们的反应。这种叫做荷尔蒙的东西不仅会让女人精神紧张，还会使她们的情绪发生波动。

女人很复杂：时而喜欢某类男人、某种味道，时而讨厌某些举动、某种颜色，时而母性大发，时而性感妩媚，时而嗓音甜润，时而粗声大气，这些完全取决于她们处在生理周期的哪一阶段。

那么男人应该做点什么，才能预见并充分利用女人的这些变化呢？首先要掌握的就是“28天生理周期”的知识。懂得了这些，男人就可以了解哪几天女人不头疼，哪几天感觉不错，哪几天是男人说事的最好时机，哪几天男人最好别在她们眼皮底下晃，以免自己遭殃。

1-5日 这几天很糟糕

她：

前几天的坏情绪终于过去了。理论上说应该心情不错，但事实并非如此。这几天，她可能会烦躁、肚子疼、腰疼、腿疼、昏头涨脑、恶心、睡眠不足，等等。总之一句话，这是让人烦心的几天。

你：

难得的好时光，可以独自欣赏足球比赛，或者一个人看看书。这几天她怀孕的可能性几乎为零，而有心情做爱的可能性更低。

特别提示：此阶段为月经期，也就是烦人的例假。这几天老婆大人的雌激素和孕激素水平较低，但是促卵泡生成激素（FSH）不断增多，刺激着卵泡的发育。

6-10日 这几天好些了

她：

这几天的感觉明显好多了，浑身充满能量，各种新建议都可以接受。

你：

想要买辆新车？想和你的朋友们滑雪度周末？想邀请同事来家里看球赛？那就最好在这几天提出来吧。浪费了这次机会，那就得等到下个月了。

特别提示：此阶段为后月经期。促卵泡生成激素继续增多，刺激更多卵泡的发育。雌激素水平开始上升。

11-14日 这几天感觉更好了

她：

感觉自己很性感、有魅力、充满自信。可能会去购物。对你和做爱很有兴趣，喜欢阳刚、可以保护自己的男人。

你：

机不可失，失不再来。像兰博（电影《第一滴血》里的男主角，史泰龙饰演的特种部队队员）一样勇猛吧！这几天你连胡子都不用刮。她晚上也不会再喊头疼，怀孕的可能性极高。

特别提示：此阶段为排卵前期。雌激素增多，在第12或13天时达到峰值。记住，雌激素就是你的朋友。卵子成熟了，她的身体已经做好了怀孕的准备。

15-17日 这几天感觉好极了

她：

精力旺盛。怀孕的几率最大。对“那事儿”特别有兴趣，但对象并不一定是你。

你：

那个私家侦探的电话放哪去了？是否有时想知道她在网上浏览的内容？但你最好不要这样做，因为结果可能会让你大吃一惊。继续表现你男人的一面，时刻保持“战斗状态”，“那事儿”之前的热身运动似乎也不需要了。

特别提示：此阶段为排卵期，卵子进入输卵管。孕激素水平开始升高。

18-23日 这几天感觉变差了

她：

这阶段她会充满母爱，喜欢外表或行为有点儿女性化的男人。她不需要被任何人保护，相反地，她更愿意主动保护孩子或者其他弱小生物。

你：

难得的好时光，可以独自欣赏喜欢的电影，或者一个人听听音乐。这几天很难让她怀孕，当然，想哄她做“那事儿”也不容易。

特别提示：此阶段为排卵后期，卵子到达子宫。雌激素水平降低，孕激素水平升高。

24-28日 这几天糟透了

她：

这是周期里最糟糕的几天，伴有恐怖的月经前期综合征。她甚至无法忍受自己，情绪阴晴不定，觉得自己很胖，随时都有可能发脾气。这时她很有可能头疼。

你：

逃开她的视线，即便是把孩子推到她面前也好。千万不要评论她的外貌。把那些瑜伽会所的宣传册放在家里的各个角落。运气好的话，她会被那些宣传册所吸引而放你一马。

特别提示：此阶段为月经前期，没受精的卵子萎缩了，雌激素和孕激素分泌水平随之下降。

捉摸不透的性格

情绪的变化

事实上，所有女人都有三重人格：乖乖女、巫婆和野兽。三者可能随时出现或消失：你可能会和三个中的一个生活好几天，或者一天内三者交替出现，当然也有可能，你会在很短一段时间内，接连遇到她们三个。比如某晚，你在和乖乖女共进一顿浪漫的晚餐，一切进展顺利，她既可爱又淘气，会被你的笑话逗乐。然而，正当你以为一切顺利时，突然间，不知道是因为你说了什么，还是因为风向变了，毫无预兆毫无原由地，乖乖女消失了，巫婆出现了。她摆着臭脸看着你，说的话让你迷惑，但意思很明确：不要靠近她。巫婆随后变成野兽，这一晚你只能在沙发上过夜了。当然有可能她又变回了乖乖女，让你回床上睡觉了——但这种可能性很小。

成千上万个纪念日

女人会乐此不疲地为各种事情设立纪念日：第一个吻、第一次拥抱、第一束花、第一次见父母、第一次同床共枕、第一次孤枕难眠、第一次共进午餐、第一次被放鸽子、第一次吃海鲜、第一次见活海鲜、去海滩度假的日子、去山里度假的日子、没去度假的日子、工作五周年的日子、学会开车的日子、半岁生日、宠物的生日、宠物的忌日、原打算结婚却最后改了日期的那天，等等。能记下这些日子倒也不是什么坏事，至少可以锻炼她的脑细胞。可问题是，她希望你也能记住这些，在每一个特别的日子里给她送上祝福。如果再能送点小礼物，那就更好了。

真理：
记住老婆生日的最好方法，就是忘掉一次。因为，你所付出的代价会令你刻骨铭心。

无休止的指责

真理：
任何已婚男人都应该忘记自己犯下的错误——没必要两个人都记得同一件事情吧！

你做错了事，可能是忘了她的生日，没去参加无痛分娩的课程，错过了在岳母家的晚餐，和你的朋友们玩到凌晨三点，忘记打酱油回家，将咖啡溅到衬衫上，陪客户多喝了几杯，多看了旁边的美女几眼，等等。结果，两人大吵了一架。你道歉，承认犯了很大的错误，但你的老婆依然板着脸，不停地指责你。如果运气好的话，在你接受惩罚之后，你们的关系会渐渐好转。

此时，如果你以为这次不愉快已经过去，她终于原谅你了，那你就错了！那些小小的错误，已经成了老婆对付你的武器。在以后的日子里，一旦你又犯了错，她就会旧事重提。不信的话，咱们就走着瞧。

名言警句

我研究女性心理 30 年，可直到现在也不知道，女人到底最想要的是什么。

——弗洛伊德

笑话

上帝创造了世界，然后休息了；接着创造了男人，又休息了；后来创造了女人，但从那时起，上帝就再也没法休息了。

两个男人之间的对话：

A君："你没法想象我是多么想再次扑入安吉丽娜·朱莉的怀抱啊！"

B君："再一次？你已经扑过一次了？"

A君："不，是昨天我也这么想了。"

说话的“艺术”

可怕的声调

除非她们正在装性感，否则，女人的声调一般比男人的尖，嗓门也略高些，这很可能是她们的自我防卫意识造成的。俗话说一个女人等于500只鸭子，这话一点儿也不假。女人聚在一起的时候，喜欢争先恐后地在同一时间说话，声音分贝高得快赶上飞机起飞了。只有那些更加刺耳的声音，才会被她们听见。久而久之，女人们渐渐地习惯了这种旁若无人的聊天方式，就连最私密的事情，也仿佛不怕和别人分享。站在50米开外的地方，都能毫不费劲地听到她们的声音。要是谈话内容很敏感、很八卦，我想100米也是没问题的。

学小女孩说话装嫩

在女人的脑海深处可能藏着这样一个想法：用小女孩的声音说话，会显得她更具魅力、更加感性。让我们仔细想想，男人在听到那个会让他想起自己十岁女儿的声音后，会有什么反应呢？投以激情？当然不是！还以温柔？当然也不可能！很想杀人？嗯……这倒有可能！听到这声音，男人全身的肌肉（除了下面）都会紧张。而且一定会怀疑自己的老婆是不是有双重人格。

难道她是想和你玩“猜猜我是谁”的游戏？而你是不是很想赶紧带她去医院看看她精神有没有问题？

别犹豫！快去吧！

充满暗示的反问句

很多时候，女人说话的语气你听起来是问句，可实际上她只是想告诉你该做什么。没错，就是你，不管你是否愿意。比如，当老婆问你：想吃橘子吗？实际上她并不是在问你想不想吃橘子，她怎么可能那么好呢，是吧？她的意思是，她想吃橘子了，但是只想吃半个（我想“另一半”的说法就是从这儿来的吧），另一半要求你吃掉！如果你知道亚当和夏娃的故事，那你就该了解这个问题的唯一答案：好的。否定的答案想都别想，她肯定会不高兴的。但现在的问题是，谁来剥皮呢？

难看的脸色
和
有深意的回答

女人总是喜欢说反话，所以你需要成为能读懂她话里真正含义的专家。做不到的话，你就有罪受了。

比如：
当女人仅仅说一个字“是”，那么她想说的是“再看看吧”。
当女人说“不”，可能她正在考虑。
当女人说“可能吧”，她的意思就是“不”。

当然了，回答不会总是“是”或“否”这么简单。我们来看个典型的情境：你回到家，发现老婆愁眉苦脸地坐在那儿。你知道她是想让你问她一句：“亲爱的，怎么了？”听到你这样关心她，她叹口气（或者嘟囔一声），把脸扭到一边，嘴里回答道：“没什么。”这时候，你只有两个选择，但结果都不怎么样。

第一个选择就是耸耸肩，说声“好吧”，然后转身，做自己的事。乍一看是个很实际的解决方法，可代价就是一个星期的冷战。

第二个选择是坚持问到底，你知道没什么就是有什么。“你真的没事吗？”老婆回答说：“你不知道我有没有事，这才是问题所在。”

我的神啊！救救我吧！

煲电话粥

当男人打电话约朋友一起吃晚饭时，他们的谈话可能是这样的：

——“嘿，海梅，最后定在今晚是吧？”

——“嗯，对。在哪儿？”

——“九点半，何塞·阿瓦斯卡尔意大利餐厅。”

——“没问题，到时见。”

——“好，拜拜。”

挂机。

当女人打电话约朋友一起吃晚饭时（还是那个半小时前才见过的朋友），那接下来一个小时电话粥开场的几分钟可能是这样的：

——“嘿，你好（‘好’的发音被拖得老长）。”
——“嗯，我在整理东西，把春天的衣服拿出来了。这几天突然变热了，发现没合适的衣服穿了。我可不能像前几次一样磨磨蹭蹭的。一下午我都在翻箱倒柜，不知道什么时候能收拾好。”
——“你做得太对了，我也该像你一样。说到这儿，你猜我前几天碰见谁了？玛利亚·加西亚·西扎娜。还记得她吗？你都不知道她现在打扮得有多时髦，不明白她为什么到现在还单身。我们当时聊了好一会儿，她推荐给我一家还不错的餐厅。我想既然是她说的，那肯定就错不了，你也知道她品位很不错。是家意大利餐厅，名字我忘了，好像是在何塞·阿比斯马尔街上。记不清了，回头我再找找。怎么样，一起去尝尝？”
——“嗯，好啊，不过还是得先查清楚，看看有没有。啊，我还忘了告诉你，那天我遇到了……”

对话结束时，她们还是不清楚餐厅的地址、名字，也没定下时间。她们还是要先打电话给114问个清楚，之后再电话联系。而且，她们还没决定穿什么衣服。

深藏陷阱的问题

女人天生就比男人更具语言天赋，她们可以更快地掌握一门外语，更熟练地运用各种表达方式进行交流。她们最擅长提问，但100个问题里，有99个都有陷阱。尽管问题看似很简单，可实际上却深不见底，问话的技巧超高。

比如，吃晚饭的时候，老婆简单问了一句："汤凉了吗？"心地善良的你，以为她是在关心自己的厨艺，真诚地回答说："是，有点儿凉了。"哎呀，我的朋友，你可犯了大错啊！你放松了戒备，却不知接下来你会面临什么：可能是一句"当然凉了，要不是你看了半小时无聊的电视"；或者是"对啊，你在浴室里泡了三个小时"；又或者，谁知道呢，可能是一句能唤起你许久以前那件无关紧要小事的话："凉了？你是说凉了吗？三年前那个夏天，看到你在沙滩上盯着别的美女看的时候，我的心才凉了呢。"

再列举其他几个有陷阱的问题，你都应该先想好答案：

1. 你在想什么呢？

OS：该怎么回答……

记着，回答可不能是“没什么”。因为对她来说，没什么意味着有什么。好多时候她都会问这个问题，那你就先多准备几个能让对话尽早结束的回答。比如，“我在想斯威士兰的政治和经济状况是不是差到极点了”，或者，“我在想明天要给总裁看的报告，字体是用黑体还是宋体”。答案要有创造性！

2. 你喜欢我吗？有多喜欢？

OS：就好像喜欢可以测量似的。

面对这个问题，答案几个字就够：“喜欢，非常喜欢。”为了你自己好，别忘了再加上一句：“你呢？”如果你没这么问，那她还会问你：“怎么了，难道现在我喜不喜欢你对你来说已经不重要了吗？”

3. 知道今天是什么日子吗？

OS：晕，难道我又忘了什么纪念日？

有一种可能性，尽管概率非常低，那就是老婆只是很单纯地在问你今天星期几。要是她手头正好有本支票簿或者在填什么表格的话，仔细看看，可能会给你提供点线索。要不然，后果你是很清楚的。

4. 你没注意到有什么不同吗？

这个可以算是最刁钻的问题了吧。如果问题没有强调“我”（你没注意到我有什么不同吗？），那正确答案真是五花八门了，从家里的东西——客厅里的一幅画、一个新花瓶或者干净的玻璃，到她的变化——头发剪短了、穿了新衣服、戴了新耳环，或者指甲油换了新颜色。如果你真的什么都没发觉，感到茫然的话，那么回答前，先说点别的：“明天晚上想去你最喜欢的餐厅吃饭吗？”运气好的话，你会逃过一劫。

她说……

你和老婆，还有另一对小夫妻，在露天咖啡馆喝东西。一个男人走过去，他有着运动员般的身材。两个女人看到了，说："看到刚才那个男人了吧？身材可真好。"你没说话。又有一个美女走过，你和你的朋友回过头看她，你感叹道："这女孩身材可真好。"老婆非常生气，和你大吵了一顿。她的理由：这是不一样的。

老婆和她的女性朋友们出去吃饭，喝了几杯，半夜两点才精神抖擞地回来。你没说话。你和你的男性朋友们出去吃饭，喝得酩酊大醉，午夜时分才哼着歌回家。老婆非常生气，和你大吵了一顿。她的理由：这是不一样的！

老婆买了很多双鞋，有些一辈子都不会穿。你没说话。你路过电器行，看到一台50英寸高清平板彩电。你走进商店，买了下来。老婆非常生气，和你大吵了一顿。她的理由：这是不一样的！

怎么就不一样？！

她知道我在想什么

一个朋友约你周日去打高尔夫球，那将会是多么美好的一天啊。你打算试试那几根新球杆，那是圣诞节你送给自己的礼物。你答应了朋友，但是老婆还不知道呢。一般每周日你们都要去你爸妈家或者她爸妈家吃饭，所以你不知道怎样才能溜走。回到家，你表现得很专注很热情，表扬晚饭做得好吃，主动给孩子讲故事，哄他们睡觉。之后你坐在沙发上，老婆说她已经和你妈妈聊了好一会儿，提醒你别忘了周日回家吃饭。那天正好是姨妈的生日，不能缺席。借着这话，你说："嗯，我妈和你相处得还不错，是吧？"

她回答说："省省吧，星期天别想玩儿消失。"

她又一次看出了你在想什么，你的高尔夫之约泡汤了。

有时，她不但能看出你在想什么，还知道你的朋友在想什么。当你把一个朋友介绍给她时，她看了看，然后说："他迟早有一天会出卖你。"那一刻你真是觉得糟透了。她怎么总是把人想得这么坏！不过，一年后，他真的出卖了你。

她简直就是女巫！

事情分析得过头了

有些女人总是问，给老大选的幼儿园真的合适吗，当时是不是应该换到另一家，虽然贵点，但是那家幼儿园看起来很不错。这倒没什么问题，深思熟虑也没有错。但问题是，大儿子都已经40岁了，在一家名企任行政职位，而且，他也已经是三个孩子的爸爸了。女人没事就是爱咸吃萝卜淡操心。

女人会从各个角度分析、评论、研究事情，然后再评论、再提问、再考虑，寻找其他可能性。可即便如此，还是没法决定下一步该做什么。

真是令人绝望啊！

她不喜欢安静的生活

男人都有史前猎人的基因。狩猎时，他们保持绝对安静，交流只靠小声嘟哝。他们可以几小时不出声，等着猎物出现。如果一天过去了，什么猎物都没碰到，他们还是会高高兴兴地回到自己的洞穴，谈论着一整天发生的事情。因为什么都没有猎到，在洞穴里迎接他们的是老婆的棍棒和咆哮。她们抱怨一整天都在等着食物来开伙，并期望着能用猛犸象的皮做衣服，可是什么都没等来。她们还会抱怨孩子一天来犯下的错误，说得男人直犯迷糊。好不容易到了晚饭时间坐下来，男人又累又晕，正要把上周猎来的野猪腿送到嘴里，老婆大人丢来一句："嘿，猎人同志，你怎么也不说句话？"

于是就有了夜间狩猎。

名言警句

一个人绝不应该相信说出自己真实年龄的女人。如果她把这都说出来了，那她什么都会说。

——奥斯卡·王尔德

笑话

男人在看球赛，可他老婆却在旁边不停地说这说那。可怜的男人转过头对她说："亲爱的，知道吗？你的声音让我想到大海。"

"是吗，"女人激动地说，"这是为什么呢？"

"因为我晕！"

老公避灾守则：

1．能说谎话时，就别说实话。

2．非说实话不可时，就先说好话。

3．好话成效不错时，适时加入谎话。

喜好和怪癖

法国电影

顾名思义，法国电影是给法国人看的，尤其是那些没有配音的、还要看着烦人的字幕的法国电影。生活里的悲伤事已经够多了，我们不该再来受这个罪，尤其是还需要花钱买票的。谢谢你了，真不用。

其他那些会让女人着迷、却没什么实际意义的东西还有：

内容是“老婆等着老公回家”的广告。

那些内容是“哦，你真是个好朋友”的转发邮件或 PPT 文档。

音乐剧。

那些女主角是完美女人，却有个青蛙外形的男性朋友的电影。演了一个半小时，美女发现自己爱上了丑男。两人奔向对方，电影以一个吻结束。正常人是不会这样的。

布拉德·皮特

布拉德·皮特真好。布拉德·皮特真是个伟大的演员。看看他收养的孩子，布拉德·皮特真是个好爸爸。布拉德·皮特真强壮。布拉德·皮特真聪明。布拉德·皮特身材真好。布拉德·皮特真浪漫。布拉德·皮特……布拉德·皮特……

那你和布拉德·皮特去过吧！

BRAD PITT
BRAD PITT
BRAD PITT
BRAD PITT
BRAD PITT
BRAD PITT
BRAD PITT
BRAD PITT

BRAD PITT
跟他过吧！

“同志”理发师的建议

在理发店耗了三个小时，花了几张红票子之后，老婆喜笑颜开地回来了，向你展示她的新发型。她在你面前转了一圈，问道：“你觉得怎么样？”你看了看她，忍住没说话。又看了看，又忍住没说话。

“开玩笑呢吧，”你想，“她肯定戴了假发。”你想不通那个理发师怎么会把头发剪得一边长一边短，后面的头发剪得乱七八糟，前面的刘海儿遮住了眼睛。

你问她：“谁给你剪的？”

她回答：“我的‘同志’理发师，他还给好多名人剪过头发。”

她的“同志”理发师，原来如此！

她可真有品位。

你老婆更愿意相信这个喜欢男人的男人。

要是这位“同志”理发师请你给他的男朋友剪头发，看看他会不会喜欢呢……

注意：大多数喜欢女人的男人，更愿意女人留长发。

她喜欢晒日光浴

蛇和壁虎待在太阳下是为了增加体温，促进新陈代谢，它们这么做是为了生存。以前它们被统称为冷血动物，直到有一天人们决定把事情弄复杂些，于是给它们起了不同的名字。人是恒温动物，血液不需要加热，尤其是男人。对他们来说，涂防晒霜、把他们敏感的皮肤暴露在有害的太阳光线下、光着上身躺在沙滩上、长时间地看着从眼前走过的女人——特别是身材惹火、穿着比基尼的女人，可能会带来致命的伤害，同时还会造成尴尬的局面，尤其是当他们仰面躺在老婆身旁的时候。

强迫男人长时间晒太阳应该算是虐待，应该受到法律制裁。

她扔掉的那些汽车杂志，不是过期的，而是收藏的！

很多东西男人觉得珍贵，女人却当做垃圾。如果你把它们放在她看得见的地方，那就会被扔进垃圾桶。可问题是很难找到一个她看不到的地方。

举几个例子：

不同于情感类杂志，汽车杂志不会过时，是值得收藏的。古董车如同美酒，越久越值钱。那些谁又恋爱了、买房了、结婚了的消息，如果在当天还有点儿意义的话，那么第二天就没什么价值了。

工具尽管有点儿生锈，还是好用的，没必要擦得锃亮。

用来擦拭机油尺的抹布，没必要弄干净。

被换下来的笔记本电脑旧内存条并没坏，留着是为了以后放到别的电脑上用。

她的包里装着各种东西，需要时却什么都找不到！

很多女人无论走到哪里，都喜欢随手拎着塞满各种杂物的包包。这绝对是一种培养举重冠军的好方法。

然而，当这些女人听到包包里的手机响起时，她们便开始抓狂，恨不得将半个身子钻进包里，想使劲翻出不知被埋在哪个角落里的那部响个不停的手机。可当她们终于找到的时候，五分钟过去了，对方的电话也挂断了。

有些好斗的女人则喜欢在包里装一支防狼喷雾（尽管这种行为在某些国家是被禁止的，比如西班牙）。有了这个东西，独自走在街上时，她们会更有安全感。但如果有一天真的遇到劫匪或色狼，她们也许不得不说："您先等等，我得在包里找样东西，它是专为您准备的。"

整理东西的癖好

干吗总是动我的东西？

为什么你在家里总是什么都找不到？

很简单，因为你老婆。凭着那股小蚂蚁准备过冬的劲头，她把所有东西都收起来，放到那些你永远都找不到的地方了。

你没看完的那本杂志呢？收起来了。

电视遥控器呢？收起来了。

雪茄呢？收到一个秘密的地方了。

记着按摩师电话的小纸条呢？烧了。

该收的不收，不该收的却收了。你在修理卫生间滴水的管道时，转身找刚放下的工具，sorry，老婆已经把它收起来了。幸好这种女人不是手术室里医生的助手。

名言警句

我恨女人，因为她们总是知道东西放在哪儿。

——伏尔泰

笑话

两个老男人在讨论男女之间的那点儿事。

“昨晚我和一个三十几岁的美女做了三次。”

“真的假的？我可能一次都够呛。你有什么秘方吗？”

“很简单，秘密就是多吃燕麦面包，越多越好。”

那天下午，老男人就跑到了面包店。

“您买点什么？”女店员对他说。

“我要六个大燕麦面包。”

“这也太多了！”店员说，“还没吃完就都硬了。”

“天哪，难道除了我，所有人都知道这个秘密了？”

衣服和购物

松松垮垮的肉色内衣

女人在消费方面总是没有效率。她们会花很多钱买那些没用的东西，比如买各种包包、手帕、腰带、耳环和名牌鞋子等。但到了该买内衣的时候，她们却突然节省起来，买些难看的栗色内衣。不用说，肯定是从特价堆里挑出来的，牌子上明明写着：修女专供。

挑选性感、吸引人的内衣并不是浪费，反而是婚姻生活中一项真正的投资。

“我穿这件衣服显胖吗？”

女人总是喜欢把身材走样归咎于衣服，认为是衣服让她看起来如此“圆润”，却全然没有注意到自己那丰满的臀部、游泳圈般的肚子、大象一样的双腿以及走起路来摇曳的“蝴蝶袖”。别和她在这点上纠缠，最后只会落得你自己生闷气。

如果有一天她问你：“我穿这件衣服显胖吗？”你一定要不假思索、斩钉截铁地回答：“不。”这是唯一的标准答案，而且说这话时你要盯着她的眼睛。千万不要画蛇添足，比如说：“没有啊。咱们快走吧，要迟到了。”“也许吧，不过没关系啊。”又或者说：“别傻了，怎么会呢。”如果这样说了，你会死得很惨。生命短暂啊，不要浪费了大好时光。

堆积如山的鞋

男人有四双鞋子就够了：运动鞋、黑色或棕色的皮鞋、可以穿去沙滩的凉拖和登山鞋。有了它们，一年四季各种场合他们都可以轻松应付，而且在需要它们的时候几秒钟就可以准备到位。

可女人不同。她抵挡不住诱惑，总是不停地买鞋子。一双凉鞋是不够的，她需要白色的、黑色的、红色的，带跟儿的、不带跟儿的，胶底的、正装穿的、去泳池穿的，等等。这可仅仅是凉鞋，同样的，皮鞋、靴子、运动鞋，甚至在家里穿的拖鞋，她们都需要各种不同款式的。

奇怪的是，她会经常抱怨鞋柜里成堆的鞋子当中有的穿着并不舒服，可她却还是不舍得扔掉它们。

“我穿什么？”

你和几个铁哥们约好晚上九点半吃饭，餐厅离你家有 30 分钟车程。

下班回到家，看看表。不错，还有一小时可以休息。你脱了鞋，拿了罐啤酒，坐下来开始看电视。你发现没见到老婆。你起身去了卧室，看到她站在衣柜前，眼神发直，表情有些难过。

“我没衣服穿。”她说，眼睛还是盯着衣柜里满满的衣服。

你问她还需要多长时间，发觉她并没有注意到你，然后你悄悄地转身离开，接着看电视去了。

你老婆来到客厅。

“我穿什么？”她问。

“不知道，随便吧。”你答。

“是啊，你从来就没帮过我。”她嚷了一声，生气地走开了。你喝了口啤酒。

你去房间换衣服，尽量不往她那边看。你穿上卡其色的裤子，一件衬衫。去卫生间，梳个头，喷点香水，搞定。

你又听到老婆在房间里问你：

“我穿什么？”

你害怕地探出头，到处都是衣服：床上、地上、椅子上……

“穿那条黑裤子吧，配件衬衫。”你好心地提议。

她又生气了：

“上次和他们一起吃饭，我就穿的这套。你帮的这叫什么忙？”她说。

你又回去看电视了。

你打开门。

“走吧。”你对她说。

“可我穿什么啊？”她回答。

“随便穿吧，快点。”

你听到叫声和房间里来回走动的声音。

你按了电梯。

“我们要迟到了，快出来吧。”你大声说。

“我还不知道穿什么呢！”她也大喊。

老婆钻进卫生间。她终于作出决定了。你深吸一口气。

你们终于坐在车里了。要迟到半小时了。

老婆也不说话。

她穿着黑裤子。都是你的错。

时刻准备去购物

无论何时，女人的购物欲都不会因为季节更替、节日到来或是国际大事的发生而有所减退。但是如果你认为经济危机是个例外的话，那么你就错了，因为此时商场的打折力度更大了，她要买的东西也就更多了。

女人有时可以只逛不买，有时又会疯狂地买一些根本没用的玩意儿，等真的需要什么东西了，可能一碰到，又没了兴趣。

购物，对有些女人来说，是社交活动。她们总是三三两两地一起出去。她们挑啊、比啊、试啊、彼此鼓励啊，甚至还会对刚刚看见的男士内裤发表评论。嗯，就是你即将拥有的那条内裤！

她总是按照她的想法送你礼物

所有的女人都善于观察，结婚几年后，她就知道了你所有的喜好，至少是那些你乐意让她知道的喜好。你看中一款相机，钢镁合金材质的机身、72mm 和 f3–5.2 的防抖变焦镜头、1800 万像素、支持高清视频拍摄、TFT 彩色液晶监视器、每秒 8 张的连拍功能，还有其他一些特点。老婆看到你在网上研究了好一阵子，马上推断出你想要一台相机，这事一点儿也不奇怪。

正巧你的生日快到了，你知道她会送你一份礼物，于是就开始幻想。生日当天，你看到一个大大的盒子。“我的相机！”你想。接下来可能发生两种情况。你打开盒子，发现……

一条领带。又是一条领带，盒子还真是唬人，里面塞满了彩色纸条。你很想哭，可是男儿有泪不轻弹……

一个卡片相机。没有变焦，没有钢镁合金材质的机身，没有一点儿你需要的那些功能。

“很时髦吧？”老婆问。

侵占你小小的衣柜和其他空间

女人的衣柜就好像山洞，只有入口没有出口，里面堆满了从结婚那天起买来的所有衣服。有的衣服多少年前就穿不下了，可她还是没有扔掉，幻想着哪一天能减下30斤赘肉，重新穿上那件衣服。也有的衣服穿一次就再也不穿了，没被扔掉的原因是她等着哪天那种款式又重新流行起来，或者有什么化装舞会适合穿这件衣服。还有的衣服连标签都没摘——穿都没穿过。

按理说，如果不停地往一个有限的空间里塞东西，总有一天会塞满。那时老婆会怎么做呢？侵占你的地盘，让你没衣柜可用！慢慢地你就会发现自己少得可怜的几件衣服被堆在一个小角落里。你打开自己装内衣的抽屉，会跳出上千件她的内衣。她的女款外套挂在你外套的外面，你的领带和她的手帕混在了一起，你的衬衫和女式T恤纠缠不清。以前你是什么都找不到，现在你只能看到女装。某天早上，你出门后才发现穿的袜子是老婆的。该结束了！立刻采取行动！难道你要在办公室里置办一个衣柜不成？

名言警句

不要给女人忠告，绝不要给女人任何她不能穿戴的东西。

——奥斯卡·王尔德

笑 话

穿衣打扮的女人和国际象棋比赛有什么相似之处？

答：一旦开始就不知道什么时候会结束。

我这就出来了。

家有“闲”妻

星期天早上就不能让我安安静静地看会儿报纸？

整个星期你都在盼望那一时刻：星期天早上睡到自然醒，泡上一杯咖啡，坐在你最爱的软椅上看报纸。这不是什么难事。事实上，它也不花钱，不打扰任何人，还能了解到世界上发生的新鲜事。真是一个完美的早晨。

直到你老婆出现，这一切都变了。她会责备你穿袜子时坐在了刚铺好的床上，把床罩弄皱了，责备你没把杯子放进洗碗机，责备你衣柜的门没有关好，责备你又没把马桶盖盖上，责备你把吃的落在了丈母娘家……

想象自己在天堂，待在一间隔音效果很好的房间里，坐在真皮座椅上看报纸，你就会好受些了。

体温调节障碍

女人的体温调节功能好像不太好，要不然就没法解释为什么她在家里披着七件衣服，毯子围到下巴了，而你还是短衣短裤，汗如雨下。

事实上，科学家们已经找到了一些解释这种现象的科学依据，尽管他们还不能肯定哪一个是最正确的。比如W.L.戈尔有限公司的马克·牛顿认为女人的脂肪层均匀分布在体内，使血液更多地流动在重要器官，而手脚等部位的血流量就相对少些。如果他说的话是正确的，那么“手冰冷，心火热”就很容易解释了。有人发现，在月经期，因为荷尔蒙的变化和贫血，女人会更觉得冷。这是有可能的，但却解释不了为什么在这个月剩下的日子里，她还是觉得冷。还有种理论，男人的肌肉更发达，能产生更多热量，这听起来好像更合理。

不管怎样，在家里，尤其是在床上，在你要热死了的时候，她却被衣服埋得快看不见了，暖气费也因此直线上升。

事实上，我不冷。我是喜欢看你“肌肉发达”的样子。

对于女人，你不能有一丁点儿的让步

女权运动让男人系上了围裙。到目前为止，你已竭尽所能躲避家务劳动，找些看似没用但力所能及的事做做，煎肉的时候帮忙加点醋，喂孩子甜食当做晚饭，希望这样能让她不再给你分配更多的任务。

你以为，一周工作80小时，挣到一份不低的工资，雇用一个保姆做家务，就能让老婆不工作，去打打网球，而你回到家的时候，也可以安心地休息。但现实是这样的，可能老婆正在进一步攻城略地。慢慢你就会学会如何打扫房间、做饭、照顾孩子、生炉子、摆餐桌……

有时，你让步了。但要知道，一旦让出了领地，你就永远地失去了。

爷爷那个年代，男人是怎么做到了驾驭女人呢？

名言警句

啊，女人，你使高尚者更高尚，也能创造更多卑微者。

——尼采

笑 话

怎么知道一个女人是不是穿了连裤袜呢？

答：在她放屁的时候，脚踝那里会肿起来。

电影分类

普通级：好男人得到女主角。

辅导级：坏男人得到女主角。

限制级：人人都可以得到女主角。

哈哈哈……

浴室里的别扭事儿

浴室里到底放了多少东西

你走进自家浴室，环顾四周，开始纳闷这还是你和老婆一起生活的空间吗，还是进了那些知名化妆品公司堆放产品的仓库？你被各种标注着可以减肥、去皱、恢复皮肤弹性、祛斑、美白牙齿的瓶瓶罐罐包围着。从老婆使用的效果来判断，你知道这些承诺都是假的。或许这些东西真的管用？那么老婆如果没有使用它们的话，又会是什么样子呢？想想都很可怕。

浴室里堆满了各种东西，问题随之而来。你以为是洗发水，结果却是护发素，用过之后你的头发变得油油的，很恶心。又或者你错把润肤霜当做牙膏，那包装真是一模一样啊……呸呸！

设计这些产品包装的肯定都是女人，她们以为所有人都能一眼分辨出这是什么产品。她们觉得番木瓜、蜜橘、芦荟或来自死海的矿物质这些字眼更重要，所以才忽略了洗发露或者牙膏这些基本概念。

盖上马桶盖

饭店或者其他地方的男厕所里，小便池用起来一般都很方便（除非是那些被装得过高、过低，或者两个小便池离得太近的），而且都是没有盖子的。站定一如厕一洗手一走人。过程很简单，一点儿都不复杂。

男人想把这种简单实用的概念延续到家里，但是有样东西使得他们无法办到——马桶盖。他们想把这烦人的盖子打开，可后来使用马桶的人却总把它盖上。为什么？因为她们就是想把盖子盖上。

女人更愿意花力气抱怨男人没盖盖子，而不是直接把盖子盖上。

为什么总是我？

水箱漏水是个问题，可这不是“我的问题”！

其实女人很聪明，真的，这不是讽刺。她们能搞明白那些复杂的电器是如何工作的，比如洗碗机、洗衣机，等等。很多女人做得更好，当上了宇航员、公司高管、总统或者首相，甚至是女斗牛士！那为什么大部分女人还是不明白马桶的水箱是怎么工作的，不知道如何修理呢？

为什么家里的东西总是你修理，而且还要帮忙做饭、给孩子换尿布呢？她怎么就不能疏通下水道，在墙上钉钉子挂几幅画，修理一下电源插座，给汽车换机油和安备胎呢？

不管怎样，她不会做这些，而且总是能找到各种理由。

堵住浴缸的头发

你正在舒服地洗着热水澡，突然发现水开始漫过脚面，缓缓上升，又漫过了脚踝。浴缸又堵了！谁的错？嗯？谁的头发？是你那几根少得可怜的短发堵了下水道吗？不是！是她那成千上万的长发吗？是的！就是它们干的！谁会从排水口里取出那纠缠在一起的恶心的头发呢？是她吗？不是！如果你想下次洗澡的时候不再水漫金山的话，那就得你亲自清理，又是你！

疏通液、浴帽、捡起头发扔到马桶里、剃光头，或在排水口放个滤网，有太多的方法能不让浴缸堵住，老婆却选择了忽略。

香皂和毛巾放在浴室，我为什么不能用？

香皂是用来洗手的，不管它是什么形状的，不是吗？不是的。据我观察，有的香皂只有装饰和警告作用。后者意思是说，当你用了它们，过不了几分钟，就会听到大声的警告：“谁那么讨厌，用了彩色的小香皂？”

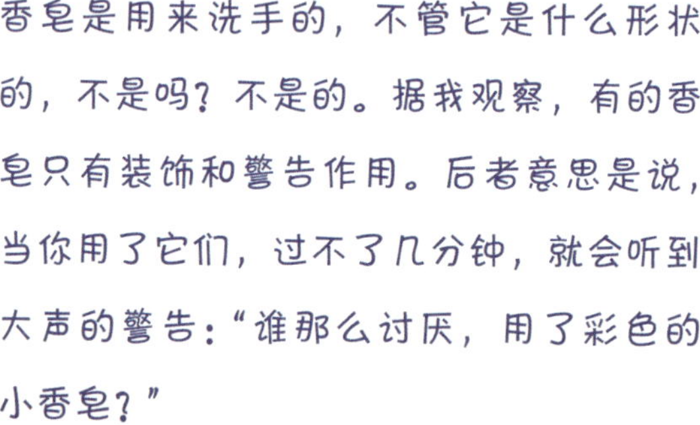

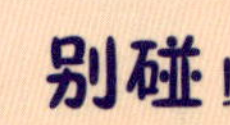

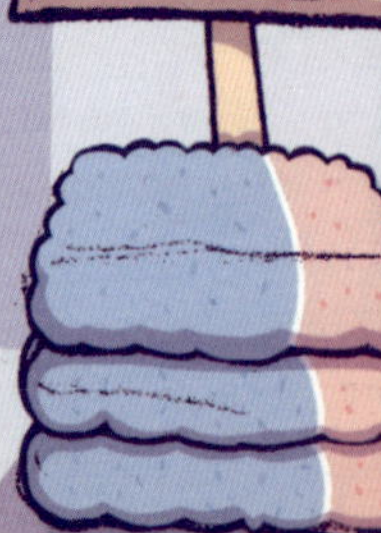

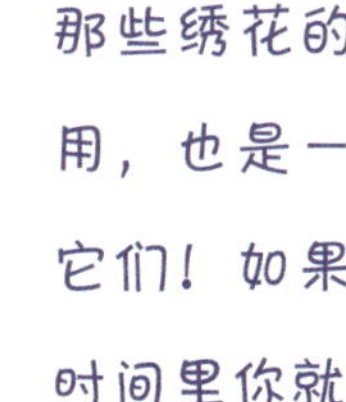

那些绣花的小毛巾，放在浴室里几个月不用，也是一样，只供人参观。想都别想碰它们！如果你的铁哥们用了，那可能一段时间里你就再不能邀请他们来家里了。

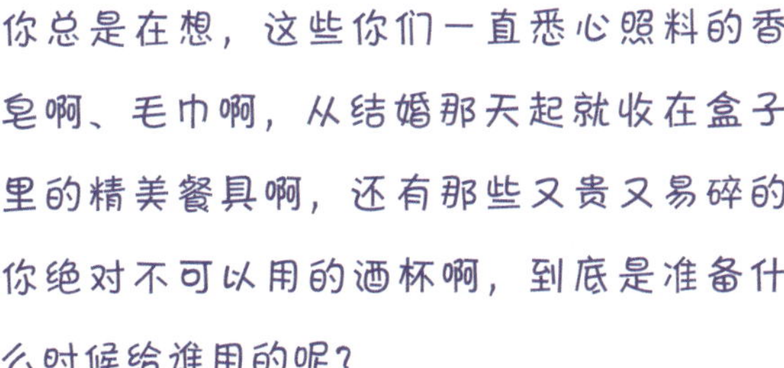

你总是在想，这些你们一直悉心照料的香皂啊、毛巾啊，从结婚那天起就收在盒子里的精美餐具啊，还有那些又贵又易碎的你绝对不可以用的酒杯啊，到底是准备什么时候给谁用的呢？

笑话

“你能告诉我你要和丈夫离婚的原因吗？”法官问女人。

“法官大人，因为我丈夫像对待狗一样对待我。”女人答道。

“是吗？他虐待你？”法官十分同情地问道。

“不，他希望我对他忠诚。”

上帝问皮克和妻子：“如果距离世界末日只剩五分钟了，你们最想做的事是什么？”

皮克说：“我们会尽情做爱的。”

妻子白了皮克一眼：“那剩下四分钟又做什么呢？”

深思

男人和女人有一点一样：谁都不相信女人。

如果一个男人身边没有女人的话，那他还会犯那么多错误吗？

名言警句

如果一个男人抢走你老婆，最好的报复方法就是让他留着。

——大卫·比塞内特

食物的偏好

恶心的沙拉（尤其是苹果沙拉）

内幕消息：

莴苣拌橘瓣儿尝起来就像是草加了糖。

奶牛是食草动物，所以它们喜欢吃生的植物。男人是杂食动物，除了植物，他们还吃肉、鱼以及其他东西。两者最大的差别不是吃什么，而是怎么吃。奶牛也许喜欢生的菠菜，因为它们是奶牛。但男人喜欢熟的菠菜，用橄榄油炒过的，加了蒜，加了盐，要是再配上点肉和薯条就更妙了。人是复杂的生物，有了进化的大脑，想吃蔬菜的时候，可以加工。奶牛不是。如果我们不利用自己的高级智商，吃生莴苣或者其他生的蔬菜，我们就和奶牛一样了。所以，请不要再给我吃恶心的沙拉了！

有趣的数据：

据生活在公元3世纪的罗马人普利尼奥和希腊人弗洛伦蒂诺说，莴苣有镇定作用，能抑制性欲。这是真的吗？

总是在减肥，而且不愿意一个人折腾

有样东西比鞋子更让女人着迷，那就是减肥。很少能找到没有在减肥的女人、没有计划要减肥的女人以及后悔过去的这个冬天没有坚持减肥的女人，因为马上就要到去海边玩儿的日子了。她的饮食完全依减肥需要而定，虽然一直都达不到效果。她克制住想吃东西的欲望，尽管那东西她真的很想吃。她用其他完全没有口感的食物来填满自己的胃：用糖精替代糖，标着无糖喝起来像糖浆的饮料，燕麦面包（味道就像麦秸），脱脂牛奶（跟白开水差不多）……

女人喜欢集体行动，无论逛街还是上厕所，都爱结伴而行。像减肥这样的事，她更不喜欢一个人自找苦吃，她希望你也参与其中，不管你是否有这样的想法。

难道她不能自己享受这种“痛苦”吗？

如果坚持下来的只有你自己该怎么办？她还会想让你做什么呢？练普拉提？

深思

糖不让人长胖，吃糖让人长胖。

对酸奶痴迷

酸奶是让女人最着迷的食物之一，说不清理由。毫不夸张地说，酸奶有上万个品种和口味，可女人似乎并不在意这些味道上的差别。她们关注的焦点是哪种酸奶喝了能减肥、补钙、美容或者调理肠胃。

还有其他白色的食物，吃起来也是什么味儿都没有，却在女人中间很流行，她们认为吃这些很健康。比如——豆腐：豆腐就像饮食界的一大笑话，什么味道都没有，筷子一夹就碎。人们还坚持把它列入菜单里，用它做出了众多菜肴，煎豆腐配番茄酱就是其中一道。上帝啊！

豆芽：去过农场吗？看见喂给奶牛吃的是什么吗？那就是“豆芽”。

莫泽雷勒干奶酪：那些挑剔的人不仅希望吃到莫泽雷勒的干奶酪，更希望它是由野牛的奶制成的。嗯，没错，就是雌性的美洲野牛——那种又大又丑、经常出现在牛仔电影里的动物。可是，奶酪有很多种，为什么偏偏非得吃这种？

总想与你分享食物

是我的比萨，我给自己点的！

婚礼上，当牧师问你“无论贫穷还是富有，无论健康还是疾病”，你不觉得是在问“无论吃比萨还是意大利面，无论吃辣椒炒肉还是鸡蛋饼就汤”吗？其实，你可以拒绝和她分享你的食物，不是吗？（但……祝你好运！）

你清楚地知道自己想要什么，在餐厅点了那道菜是因为你想吃而且是一个人吃。可另一方面，你不想表现得无礼，当老婆问你“能给我尝尝吗”，你只能在心里发发牢骚。你饿坏了，她拿走的那份本来是你的，如果没给她吃的话，现在你都饱了。你决定忘了这些，饭后再来点儿小酒。突然又听到老婆的声音：“来，给我喝一小口。”不！！！

深思

女人若是不问那么多，男人就会撒谎少一些。

笑话

“亲爱的，我们去坐摩天轮吧，”游乐园里一个女孩对她男友说。男孩严肃地回答：“听着，如果你想犯晕的话，我们就去找你妈妈吧。那也能让你晕，而且还是免费的。”

名言警句

结婚后，夫妻就变成了一枚硬币的两面，无法面对彼此，却不得不在一起。

——萨沙·吉特里

社交和处世

我的朋友都是“狐朋狗友”

你有一群认识了好多年的朋友，跟他们在一起，你会很开心，笑声也不断。

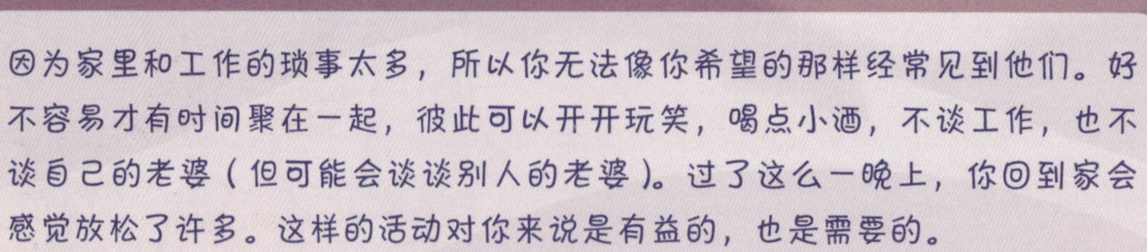

因为家里和工作的琐事太多，所以你无法像你希望的那样经常见到他们。好不容易才有时间聚在一起，彼此可以开开玩笑，喝点小酒，不谈工作，也不谈自己的老婆（但可能会谈谈别人的老婆）。过了这么一晚上，你回到家会感觉放松了许多。这样的活动对你来说是有益的，也是需要的。

遇到麻烦时，这些朋友会随时对你伸出援助之手，他们不会害你，不会在背后说你坏话，可老婆却称他们为“狐朋狗友”。

她的朋友就是朋友

你老婆也有一群朋友，玛利亚·西扎娜、卡门·科托拉和玛蒂尔德·梅蒂科纳。

她们经常见面，见了面就是“八卦”，尤其是“八卦”那些没在场的朋友或者她们的老公。有时你听着她们的谈话，会觉得她们这么说自己的朋友，肯定之前吵过架。可当你第二个星期看到她们又和上周被“八卦”的朋友聚在一起吃饭，好像什么都没发生过似的，你真的会跌破眼镜。

她们把这样的朋友称为“闺蜜”。

从不守时

一般来说，只有男人才会守时。

音乐家埃里克·帕特里克·克莱普顿在等她夫人贝蒂·佰伊德梳洗打扮、准备出门的那段时间里，写出了《美妙的夜晚》(Wonderful Tonight) 这首歌。

你知道婚礼上都是新郎等着新娘，可是你并没有预料到生活中还要这样做。你不是作曲家，所以到目前为止，当你在街上苦等她一小时，或者在家里的沙发上等着她化好妆，又或者当你在餐厅饿得不行却还是不能点餐，因为她还没到的时候，你就只能在心里把她家的先人逐一问候一遍了。

现在你知道了，至少你可以用那些时间来编几首歌，嗯，战歌。

总在比赛的关键时刻讲话

好吧，好吧，你同意并承认偶尔讲讲婚姻里的问题没什么不好：发生了什么事，没发生什么事，将来会怎么样，甚至还要重提旧事，可是……

非要在世界杯决赛两支球队刚刚踢平后的关键时刻谈吗？

难道没有更好的时候？比如，晚上，在床上闭着眼睛，你就可以专心地听她说话了。

要罚点球的时候，男人最不想听到的话就是："我想我们该谈谈了。"你心里叨咕着："那是你想谈，我可没工夫。"

我们该谈谈了。

深思

你怎么知道女人什么时候会说点儿有智慧的话呢？
答：当她们开口就是“我老公说……”的时候。

笑话

丈夫刚从昏迷中苏醒过来，妻子站在床边。他住院这几个月，妻子从未离开他半步。还很虚弱的丈夫让妻子靠近些，他有话要说。

“玛利亚，这几天我躺在这儿，一直在想你。”

“是吗？想什么了？”妻子问。

“我想，当我丢掉第一份工作时，你陪在我身边；我骑摩托车出事故时，你陪在我身边；我的公司走下坡路，最后破产的时候，你陪在我身边；我把房子也赔了的时候，你陪在我身边。现在，我没几天时间了，你还是在我身边。你知道吗……”丈夫哽咽了。

“什么？亲爱的。”妻子笑着问道，把手放在丈夫手上。

“我觉得是你给我带来了厄运，你这个讨厌的老巫婆。”

一个德国人，一个美国人和一个西班牙人到了地狱。恶魔看到他们，说道：你们有机会去天堂，但是得通过三关测试：打死一只狮子，连续和一个女人做爱30次，喝10升刷锅水。

"没问题，"德国人说，"那女人在哪儿？"

德国人做了一、二、三、四、五、六次，然后就大喊着跑出来了。

"啊啊啊啊，我不行了。"

"那就下地狱吧，"恶魔说。

"我想从那狮子开始，"美国人说。

于是他就被关到了狮子笼里面。没过一会儿，他也大喊着跑出来了：

"不行了！！！！我投降！"

"那就下地狱吧，"恶魔说。

"笨蛋，这还不简单，"西班牙人说，"给我那瓶东西。"

他接过瓶子，一口气干掉了10升。

"现在，轮到那只小狮子了……"

他们把他关到笼子里，就听到嗷嗷嗷的叫声。

一小时过去了，狮子跑了出来，还哀鸣着：喵喵……

"好了，"西班牙人说，"现在那个该死的女人在哪儿呢？"

名言警句

不管怎么说还是结婚吧，娶到好老婆，你会幸福；
娶到坏女人，你将会成为哲学家。

——苏格拉底

孩子的事儿

教训孩子

这一天的工作真是糟透了。老板又批评你了，谈了几个月的合同又泡汤了，午饭的时候酒洒到了领带上，点的菜也是凉的。算了，这一天终于过去了，你可以回家好好歇歇了。

在路上，你就想着能吃顿丰盛的晚餐，和孩子玩一会儿，运气好的话，还能度个春宵。

可你打开门，却是另一种惊喜：小儿子在角落里哭个不停，老婆一脸怒气地迎接你的归来。她把大儿子拽到你眼前，让你好好教育他一顿，因为他犯了很大的错，比如没有把菜都吃完，耽搁了两分钟才去洗澡，新买的睡衣又弄脏了（你永远不会明白为什么孩子饭前要洗澡）……直到现在你都没搞清楚到底是什么情况，不是因为老婆没告诉你，她早就大吼大叫地把所有细节都告诉你了，而是因为你的脑子决定屏蔽所有这些信息。你的脑子一片空白，现在唯一想做的就是吃晚饭。你看了一眼饭桌，又是鸡肉沙拉！天哪！你忘了，你老婆又开始了一轮双人减肥计划。

你真是彻底地郁闷了。你又听到老婆在喋喋不休，你知道她绝不肯让你安安静静地待着，直到你好好教育一下孩子。其实你并不知道孩子到底做错了什么，你决定说得中立一点儿。你看着孩子说道：“听着，米格尔，你做得不对。你得听妈妈的话。”解决了，不是吗？不是！

你得把老婆所想的一字一句地给孩子说清楚，这才对。可别让她先跟你说她的想法，当然，她对你在这件事上的看法也是没有任何兴趣的。

家庭生活就是这样的吗？

女人总是盯着孩子，没完没了地唠叨！

睡衣上都是污渍……但是，有什么关系呢？谁会看？

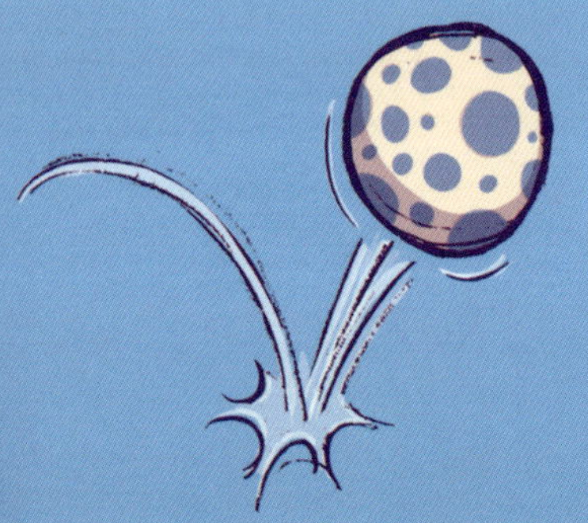

在屋里扔球，尤其是下雨天……球不扔，摆在那儿干吗？

打嗝……还是婴儿的时候就教他们打嗝，现在他们做到了，却又告诉他们不能打嗝。

打架……孩子打架很正常，这是种本能，是健康的，甚至是必要的，这样他们在成长的过程中，才不会觉得压抑。非得学好数学才是不正常的呢……

孩子已经出汗了，却还是给他穿大衣，那么多件衣服，孩子都没法动弹了，这可是大夏天哪！

让孩子吃东西，不管他饿不饿。饭前孩子吃了个火腿三明治，没胃口再吃别的了，这也会让她生气。不过就是吃了个火腿三明治而已！

坚持让孩子吃午后点心，坚持要给孩子准备午后点心，尽管孩子都16岁了。

放暑假了，孩子得写作业，你被派去辅导他们，其实可怜的你也想在暑假休息休息啊！

取悦女人，需要时间和金钱：

$$\text{女人} = \text{时间} \times \text{金钱}$$

$$\text{时间} = \text{金钱}$$

所以：

$$\text{女人} = \text{金钱} \times \text{金钱}$$

$$\text{女人} = (\text{金钱})^2$$

金钱是所有麻烦的根本：

$$\text{金钱} = \sqrt[2]{\text{麻烦}}$$

所以：

$$\text{女人} = \sqrt[\not{2}]{\text{麻烦}}^{\not{2}}$$

结论：

$$\text{女人} = \text{麻烦}$$

名言警句

很少能在男孩身上看到一个伟大男人的光辉，但在女孩身上却总能看到一个女人的威胁。

——大仲马

婚姻美满的秘诀：

如果你是错的，承认错误；如果你是对的，闭嘴！

——帕特里克·默里

笑话

男人愿意付两块钱买价值一块钱但是他想要的东西；女人愿意付一块钱买价值二块钱但并非她想要的东西。女人期待结婚之后男人会改变，但他不会；男人期待结婚之后女人不会改变，但她会。女人一直担心未来的日子，一直到她找到老公；男人从不担心未来的日子，一直到他找到老婆。

女人是感情和长相比较奇怪的男人。

开车和旅行

速度和挡位

她不知道的事：

某些车有五个挡，外加一个倒挡。是的，五个挡。第五挡也可以用，不会有什么事。

为女人准备的问题：

什么时候该换挡？
A. 车坏了的时候。
B. 发动机的噪音无法忍受，都听不见电话声的时候。
C. 发动机转速达到 3000 转的时候。
D. 啊？不是自动的吗？

一般的车马力是多少？
A. 马力？马车那样的？没有。
B. 1–2。
C. 75–150。
D. 肯定大于 1000。

仪表盘上的速度表读数超过 80，会发生什么？
A. 车子会爆炸。
B. 道路两边的树木倒退得更快，到达目的地更早。
C. 什么仪表盘？
D. 你违章了，这不太好。

刹车和转向灯

她不知道的事：

大多数女人学车时，那堂讲如何使用转向灯、高速公路上不能急刹车这些重要知识的课，都是不去的。

补充一点：使用手刹会缩减车的寿命，而且还会有难闻的焦煳味。

为女人准备的问题：

什么是ABS？

A. 不知道。

B. 这个和乐器有关系，是吗？

C. 车上的另一个刹车，可我不知道在哪儿。

D. 防抱死刹车系统。

停车和其他操作

她不知道的事：

把车停在距离人行道30厘米处比较合适。要注意，这里说的是车门距人行道30厘米，可不是车头距人行道30厘米！停车时两侧要留有空间，车里的人可以打开车门，从车里出来。

出停车卡的机器不咬人。把车靠得够近的话，你可以直接用手拿到，就不用下车了。

千万别跟车库里的柱子较劲，它们放在那里是有原因的。

没必要把座位调得太靠前，还得留出空间打方向盘呢。

有些女人在车里化妆、脱毛、梳头，同时还打着电话、抽着烟、用空调吹干指甲油，她们觉得这都很正常。

为女人准备的问题：

停车时，最需要注意什么？
A. 树。
B. 车库里的柱子。
C. 车前面的保险杠。
D. 行人。

你对后视镜有哪些了解？
A. 用来化妆不错，就是位置不太好。
B. 用来挂小玩意儿的。
C. 太小了点。
D. 换车道前应该看一看；倒车时应该看一看；开门前应该看一看，以免突然杀出一辆摩托车……

保养和故障

她不知道的事：

车子需要定期检查。

除了汽油，车子还需要其他液体：机油、水、防冻液。

仪表盘上有指示灯亮了，说明车子的某些部分有问题——这个灯可不是装饰。

为女人准备的问题：

车的机油

A．要用橄榄油。

B．防止铰链嗡嗡作响。

C．汽车每跑一万公里就该换机油。

D．机油？

如果把水倒进了机油箱，会发生什么？

A．水溶解了，机油可以用更长时间。

B．机油太讨厌了！

C．倒什么？倒哪儿？

D．你应该立刻把车送去维修厂。

备胎

A．应该在后备箱里或者后备箱底下。

B．维修厂里有。

C．在电池旁边。

D．你可以把它放在家里，这样就不会占用太多车里的空间了。

旅 行

她不知道的事：

地图会告诉你从这里到那里该走哪条路、哪条街，没必要问别人。

看地图不用把它倒过来，看完应该把它折起来。

没必要跟 GPS 对话，它听不到。它只是个机器，不是人。

为女人准备的问题：

下列四个句子，哪个是错的？

A. 地图很有用。

B. 男人方向感很好。

C. 每过两分钟问一次路，是旅行途中一种非常有效的方法。

D. 从这里到那里，你可以选择一些新路线。

深 思

让老婆听你说话的最好办法就是在梦里说。

名言警句

我在两个老婆身上的运气都很差。前面的那个扔下了我，现在的这个我扔不掉。

——詹姆斯·霍尔特·麦加弗兰

一个好妻子总会在她错了的时候原谅她丈夫。

—— 罗德尼·丹杰菲尔德

笑话

在一次越洋旅行中，飞机遇到气流，开始剧烈颠簸。一道闪电击中了机翼，情况更糟了，飞机开始不停摇晃。乘客们都吓坏了，尤其是一位女士，完全失控了。她站起来，大叫："不！！！我不想死！如果我非得死，那我得利用这最后几分钟。"她大喊着，"男人！我要一个男人！能让我真正觉得自己是个女人的男人！"

乘客们都沉默了，不知道该说什么，做什么。

"一个男人！"那女人重复着，"难道这飞机上没一个男人能让我真正体会到做女人的感觉吗？"

突然，坐在最后一排的一个男子站了起来。他拥有完美的身材和电影明星般的脸庞。

"我，我能让你觉得自己是个女人。"他起身走向她，边走边解开上衣扣子，露出发达的胸肌和腹肌。

女人变得越发紧张和兴奋。

乘客们都一脸疑惑地看着。

终于，男子走到女人面前，把上衣递给她，说：

"拿着，给我把它熨平了。"

笑话

停车后女人会做什么？
答：拿出保险单。

一个男人和一个女人从20楼摔下来，谁会先落地？
答：男人先落地。因为女人会问个没完："是走这儿吗？是走那儿吗？"

一个女人在开车，结果在暴雪中迷路了。这时她想起父亲的话："孩子，如果你在暴雪中迷路了，就跟着扫雪车走。"没多久，出现了一辆扫雪车，女人就跟着它走，一直跟了 **45** 分钟。最后，扫雪车司机下来了，走向女人的车，问她："我能知道您在干什么吗？"

女人说，她听爸爸的话，在暴雪中迷路了就跟着扫雪车。

男司机回答说："很好，不过听着，家乐福停车场的雪我解决了，现在您愿意的话，可以跟我去清理沃尔玛的。"

其他癖好

作者的话

亲爱的读者：

希望这本书能让你开心，逗你一笑，哪怕只笑一次，那才是我的本意。我很愿意和朋友们分享故事，谈论彼此疯狂的事。现在你们已经知道了好多男人的想法了，或许你们还想知道女人的想法。那就别错过我的另一本书——《我无法忍受老公的50件事》，其中一些事也许你能想到，但我敢肯定，还有一些会让你大吃一惊。

我很乐意听到你们的意见。如果你想发表些评论，出些主意，分享你的故事，哪怕只打个招呼，就请记下我的邮箱吧：ana@anagalan.com。对一位作家来说，没有什么能比和读者保持联系、听到他们对作品的评价（不论好坏）更好的事了。

我们另一本书再见！

此致

敬礼

安娜